Der Biber mit dem weissen Ohr

© für die deutsche Ausgabe:
Orell Füssli + Parabel Verlag GmbH,
Wiesbaden und Zürich 1991

Titel der Originalausgabe:
Le Castor à l'oreille blanche
© 1990, l'école des loisirs, Paris

Printed in Belgium
ISBN 3 7898 0356 1

Anne Wouters

Der Biber mit dem weissen Ohr

Deutsch von Barbara Haupt

Parabel

Mit einem großen Segelschiff kam Jonny aus dem fernen Kanada in diese schöne Stadt, die auf vielen kleinen Inseln mitten im Wasser stand. Nach der langen Reise war er müde und hungrig und ging sogleich ins nächste Wirtshaus.

Der Wirt wunderte sich über den fremden Gast und wollte wissen, warum Jonny hierher gekommen war.
«Ich suche meinen Neffen», erklärte Jonny ihm. «Er wurde als Kind vor vielen Jahren von Seeräubern verschleppt. Nun habe ich herausgefunden, daß man ihn damals in dieser Stadt zurückgelassen hat.»
«Wie willst du ihn denn nach so langer Zeit wiedererkennen?» fragte der Wirt.
«An seinem weißen Ohr», antwortete Jonny. «Mein Neffe hat ein schneeweißes Ohr!»

Am nächsten Morgen ging Jonny zum Palast des Bürgermeisters. Nachdem er auch dort seine Geschichte erzählt hatte, blätterte der Bürgermeister lange Zeit in seinem dicken Einwohnermeldebuch.
«Leider kann ich nichts über deinen Neffen finden», sagte er. «Es ist schon zu lange her. Aber ich werde dich zu einem Beamten bringen, der die alten Bücher aufbewahrt. Vielleicht findet er darin etwas.»

Der Beamte, der die alten Bücher aufbewahrte, mußte lange suchen. Aber plötzlich rief er: «Hier steht es ja! Vor zwölf Jahren nahm der Tuchhändler Antonio einen dreijährigen Jungen bei sich auf, den er Lillo nannte.
Aber leider ist Antonio vor zwei Jahren gestorben.»

«So ein Pech ...», murmelte Jonny enttäuscht.
«Nur nicht den Mut verlieren», meinte der Beamte.
«Lauf hinunter in die Stadt und frag die Kaufleute und Handwerker. Bei einem von ihnen wird dein Neffe sicher arbeiten.»
Er drückte Jonny zum Abschied die Pfote. «Und nun viel Glück, mein Freund!» sagte er.

Das Geschäft, in dem der Tuchhändler Antonio früher gearbeitet hatte, gehörte jetzt Olga, einer hübschen Schneiderin.
«Ich kenne deinen Neffen nicht», sagte diese.
«Aber dort drüben steht mein Freund Vivaldi. Er fährt mit seiner Gondel den ganzen Tag durch die Stadt. Am besten fährst du mit ihm.»

Zuerst fuhren Vivaldi und Jonny zu einem berühmten Architekten, der viel in der Stadt herumkam. Aber von einem Lillo hatte auch er noch nichts gehört.

Danach besuchten sie die Werkstatt, in der die Gondeln gebaut wurden.
«Kennst du zufällig einen jungen Biber mit einem weißen Ohr?» Der Gondelbauer sah sie erstaunt an und meinte: «Einen Biber mit einem weißen Ohr? Nein, nie gesehen!»

Vivaldi und Jonny glitten in ihrer kleinen Gondel von einer Wasserstraße zur anderen.
Hier würde ich auch gern wohnen! dachte Jonny.
Er grüßte jeden, an dem sie vorüberfuhren. Und alle zogen ihre Mützen und grüßten zurück.
Vielleicht würde Jonny dabei ein weißes Ohr entdecken ...?

Als sie zum Marktplatz kamen, band Vivaldi seine Gondel fest und ging mit Jonny zu Fuß weiter.

Jonny fragte die Kaufleute, die Kinder, den Jongleur, den Eisverkäufer, den Wasserträger.
Aber auch sie wußten nichts von seinem Lillo.

Plötzlich entdeckte Jonny im Schaufenster einer kleinen Gasse eine Maske mit einem weißen Ohr!
Er stürmte sofort in den Laden und fragte den Künstler aufgeregt, wann er Lillo zuletzt gesehen habe und wie und wo der zu finden sei.
«Aber ich habe noch niemals einen Biber mit einem weißen Ohr gesehen», antwortete der Künstler überrascht. «Die Maske habe ich mir nur ausgedacht!»

Allmählich verlor Jonny den Mut. Würde er seinen Lillo denn niemals finden?
«Laß den Kopf nicht hängen», sagte Vivaldi tröstend. «Wir haben ja erst die halbe Stadt durchsucht. Komm, ich lade dich zu einer heißen Schokolade ein. Das wird dich aufmuntern!»

Nachdem sie sich ausgeruht und gestärkt hatten, schlug Vivaldi vor: «Wir sollten es einmal bei Paolo, dem Glasbläser, versuchen. Er beschäftigt viele junge Lehrlinge. Vielleicht haben wir Glück ...»

«Natürlich kenne ich Lillo!» rief Paolo sofort.
«Seht nur, diesen hübschen kleinen Biber hat er geblasen!
Lillo war sehr geschickt. Schade, daß er uns verlassen hat,
um bei meinem Freund Pietro, dem Geigenbauer, zu arbeiten.»

Pietro, der Geigenbauer, freute sich, Lillos Onkel Jonny kennenzulernen.
«Dein Neffe war mein bester Lehrling!» sagte er stolz. «Seine Geigen hatten einen wundervollen Klang! Und um sie selbst spielen zu können, ist er zu Meister Joachino in die Musikschule gegangen. Dort wirst du ihn finden.»
Jonny machte vor Freude einen Luftsprung und umarmte Pietro.

Bei Meister Joachino aber öffnete niemand die Tür.
«Heute beginnt der Karneval», erklärte Vivaldi. «Viele bereiten sich jetzt schon auf das Fest vor und arbeiten nachmittags nicht mehr. Übrigens wird es Zeit, daß wir auch dir ein Kostüm besorgen.»

Jonny hatte keine große Lust, sich zu verkleiden. Doch Vivaldi nahm ihn einfach mit zu Olga, die ein lustiges rotes Seidenkostüm für ihn aussuchte.
«Wir treffen uns heute abend in der Oper», sagte Vivaldi. «Und bring ja gute Laune mit! Die Karnevalsnacht besitzt Zauberkraft, sie erhört viele Wünsche ...»

Voller Hoffnung lief Jonny am Abend zur Oper. Unter all den vielen Schauspielern und Musikanten muß es doch einen geben, der Lillo kennt! dachte er. Aber wie sollte er den einen finden?
Ah, da waren auch Olga und Vivaldi ...

Als im Opernhaus der Vorhang aufging, starrte Jonny wie gebannt auf die Bühne.
Wie aufregend, was dort alles geschah.
Zwei Stunden später war die Vorstellung zu Ende. Das Publikum klatschte begeistert Beifall. Und danach zogen alle ihre Masken über und liefen hinaus auf die Straßen, um die Karnevalsnacht zu feiern.

Es wurde gesungen und getanzt. Aber mit wem man tanzte, das wußte niemand. Die Masken verrieten es nicht.

Plötzlich horchte Jonny auf. In dem fröhlichen Lärm ertönte zarte Geigenmusik.
Jonny folgte dem Geigenspieler von Brücke zu Brücke. Bis zum Morgengrauen. Bis allmählich jedermann nach Hause ging und die ersten Möwen zum Meer flogen.

Auf den Straßen war es wieder still geworden.
Auch die Geigenmusik wurde stiller, zarter noch
als vorher. Bis auch sie verstummte.
Der Spieler dankte seinem letzten Zuhörer. Und
als er zum Gruß seine Maske abnahm, erschien
darunter ein schneeweißes Ohr ...